Núcleo de Catequese Paulinas

Paróquia, casa da iniciação à vida cristã

A partir do documento da CNBB n. 107

Dados Internacionais de Catalogação na Publicação (CIP)
(Câmara Brasileira do Livro, SP, Brasil)

Paróquia, casa da iniciação à vida cristã : a partir do documento CNBB n. 107 / Núcleo de Catequese Paulinas - NUCAP. – 1. ed. – São Paulo : Paulinas, 2017. – (Itinerários)

ISBN: 978-85-356-4324-4

1. Catecumenato 2. Catequese - Igreja Católica 3. Conferência Nacional dos Bispos do Brasil 4. Sacramentos - Igreja Católica 5. Vida cristã I. Núcleo de Catequese Paulinas - NUCAP. II. Série.

17-06530 CDD-270.1

Índice para catálogo sistemático:

1. Igreja : Iniciação cristã : Mistagogia : Cristianismo 270.1

1ª edição – 2017
2ª reimpressão – 2018

Direção-geral: *Flávia Reginatto*
Editora responsável: *Vera Ivanise Bombonatto*
Copidesque: *Ana Cecilia Mari*
Coordenação de revisão: *Marina Mendonça*
Revisão: *Sandra Sinzato*
Gerente de produção: *Felício Calegaro Neto*
Produção de arte: *Claudio Tito Braghini Junior*
Imagem de capa: *Marcantonio Franceschini*

Paulinas
Rua Dona Inácia Uchoa, 62
04110-020 — São Paulo — SP (Brasil)
Tel.: (11) 2125-3500
http://www.paulinas.com.br
editora@paulinas.com.br
Telemarketing e SAC: 0800-7010081

SUMÁRIO

INTRODUÇÃO

A paróquia é o lugar do encontro da pessoa que crê com Cristo. Ao refletirmos sobre o encontro de Jesus com a samaritana à beira do poço de Jacó, podemos dizer que nossa comunidade tem exatamente aquilo que Jesus oferece para matar a sede daquela mulher: "Se conhecesses o dom de Deus e quem é aquele que te diz: 'Dá-me de beber', tu lhe pedirias, e ele te daria água viva" (Jo 4,10).

Definitivamente, como a samaritana, buscamos a água viva capaz de matar a nossa sede de solidão, de tristeza e muitas vezes de decepção. Essa água viva é o Espírito Santo, o dom de Deus que Jesus derramou do alto da cruz, quando o soldado alcançou seu coração cravando-lhe a lança (cf. Jo 19,34). O mesmo Espírito foi derramado em nosso coração no dia do nosso Batismo. Ele fez morada permanente dentro de nós, de sorte que fomos constituídos templos do Espírito Santo.

O que temos de mais precioso em nossa comunidade, seja a mais simples delas, é a ação eficaz do Espírito que age no coração de todo aquele que aceita Jesus em sua vida. Cada vez que celebramos os sacramentos, a Palavra de Deus, ou que rezamos num só coração, numa só fé, num só Batismo, esse Espírito vem a nós, como em um novo Pentecostes.

Nosso encontro com Jesus é decisivo para o recebermos como nosso melhor amigo, aquele que tem palavras certeiras para mudar o rumo de nossa vida, bastando lhe darmos atenção e pararmos para escutá-lo. Quem provoca esse encontro é o Espírito Santo, o dom de Deus dado a nós por Jesus.

Nossa comunidade tem a missão de iniciar as pessoas nessa convivência com o Senhor. Com o nosso testemunho de fé, vamos ajudar as pessoas a se encontrarem com o Senhor. Ele quer que dialoguemos com ele sem medo, numa conversa franca e direta, sem rodeios. Vamos deixar que ele modifique nossa maneira de pensar e confiar para que conduza a nossa vida por seus caminhos, certamente melhores que os nossos.

Assim como a samaritana voltou para os seus, a fim de anunciar-lhes que tinha encontrado o Senhor e de dizer-lhes o quanto ele tocara o seu coração, também nós estamos tão alegres que faremos questão de anunciá-lo sem nenhum temor. E queremos ajudar crianças, jovens e adultos a se encontrarem com ele.

Isso é possível numa comunidade que se converte para o essencial: o Senhor!, e que quer fazer um caminho com aqueles que estão dando os primeiros passos na fé. Seguiremos o documento da CNBB, *Iniciação à vida cristã: itinerário para formar discípulos missionários* (2017), para estabelecer o perfil da comunidade que prioriza a iniciação cristã com inspiração catecumenal, com a finalidade de renovar sua vida comunitária e despertar seu caráter missionário (cf. n. 69).

Vamos alargar a visão da iniciação à vida cristã, concebê-la como elemento essencial para a constituição da comunidade, porque trata da fundamental conversão ao Senhor pela escuta da Palavra e da celebração do Batismo, Confirmação e Eucaristia, base da vida de fé de todo cristão, indistintamente. Por isso, o mencionado documento não entende a iniciação cristã somente como "uma pastoral a mais, e sim como o eixo central e unificador de toda ação evangelizadora e pastoral" (n. 76). E, por isso, afirma, "não se trata de fazer apenas 'reformas' na catequese, mas de rever toda a ação pastoral, a partir da Iniciação à Vida Cristã" (n. 138).

O objetivo deste livro é indicar, à luz dessas orientações da CNBB, os elementos de conversão pastoral, próprios de uma catequese com inspiração catecumenal, para uma paróquia tornar-se casa da iniciação à vida cristã.

O primeiro capítulo aponta os motivos para a retomada dessa modalidade pastoral e a pedagogia do *Ritual de Iniciação Cristã de Adultos* (RICA). O segundo explicita as linhas da Igreja querigmática e mistagógica. E o terceiro delineia as consequências práticas em levar a sério a iniciação à vida cristã como tarefa de toda a comunidade eclesial.

1.
NOVO MODELO PASTORAL

A nossa fé é histórica. Isso quer dizer que Deus se revela em nosso tempo, em nossa história. Daí vem a nossa responsabilidade de compreender que o "Evangelho não mudou, mas mudaram os interlocutores. Mudaram os valores, os modelos, as alegrias e as esperanças, as tristezas e angústias dos homens e das mulheres de hoje" (n. 51). Precisamos compreender o que se passa a nossa volta e perceber que o mesmo Evangelho é transmitido de maneira diferente de uma geração para outra.

Um sinal claro disso é o *pluralismo* presente em todas as esferas, que nos obriga a pensar de forma diferente, ainda mais no campo religioso. É preciso ter muita convicção para seguir crendo como cristão em nossa Igreja, pois "a opção religiosa é uma escolha pessoal. Já não é mais uma tradição herdada desde o núcleo familiar" (n. 7). A família acabou perdendo sua função de formadora da fé, com capacidade de transmitir as primeiras noções, as orações e a vivência dos valores cristãos.

Em Aparecida,[1] os bispos nos alertaram para a *mudança de época* que atravessamos. Assim como Jesus conversou com a samaritana, somos chamados a "um novo diálogo, com novos interlocutores, reconhecendo que nos encontramos em um momento histórico de transformações profundas e de interlocuções novas" (n. 39). Podemos constatar as grandes mudanças trazidas pela sociedade virtual, o fato de o mundo ter se tornado uma aldeia e, também, acompanhamos

---

[1] *Documento de Aparecida*, n. 44.

ao vivo a transmissão dos acontecimentos em qualquer lugar do mundo, ficamos assombrados com as novas tecnologias que mudam nossa maneira de viver e de nos relacionarmos. Essas transformações afetam nossos critérios de compreensão e nossos valores mais profundos de vida, de família e de sociedade.

Historicamente, na formação de nosso catolicismo, "a transmissão da fé se fazia, principalmente, por meio da piedade popular (romarias, novenas, promessas, devoção aos santos, irmandades)" (n. 73). Partindo do vigoroso substrato da fé popular, poderemos aprofundar o mistério de Cristo para evangelizar e amadurecer a fé. Ainda mais se considerarmos que "hoje o mundo tornou-se diferente, exigindo novos processos para a transmissão da fé e para o discipulado missionário" (n. 46).

Também poderemos reorientar aqueles que buscam os sacramentos em nossas paróquias, oferecendo uma proposta mais completa e coerente de iniciação à vida cristã.

> Fica para trás um determinado modelo eclesial, marcado pela segurança da sociedade de cristandade e desponta um processo de renascimento de um modelo de Igreja pobre, com os pobres, em saída missionária para as periferias geográficas e existenciais. É tempo de germinação, somos chamados a viver algo novo que nasce, por meio do impulso revitalizador do Espírito Santo (n. 52).

E não se trata só de renovar algumas metodologias, novos subsídios e melhorar a formação de catequistas (cf. n. 138). "Sabemos que o processo de Iniciação à Vida Cristã requer novas disposições pastorais. São necessárias perseverança, docilidade à voz do Espírito, sensibilidade aos sinais dos tempos, escolhas corajosas e paciência, pois se trata de um novo paradigma" (n. 9).

Os bispos afirmam que neste mundo diferente e plural "é preciso estar em constante movimento de saída, de gestação permanente, sem nos apegarmos a um modelo único e uniforme" (n. 55). Torna-se patente o direcionamento da Igreja no sentido de desenvolver o potencial da iniciação cristã para formar identidade de fé numa sociedade pluralista com vertiginosas e rápidas mudanças, a qual gera crise de sentidos.

É chegada a hora de reformularmos a iniciação cristã, atualmente tão marcada pela fragmentação dos seus três sacramentos. Finalmente, compreender que são os três em conjunto que configuram a pessoa em Cristo, juntamente com a catequese que promove a conversão pelo anúncio da Palavra de Deus (cf. n. 124). A unidade do processo garante alcançar o seu objetivo: a vivência do mistério da fé, ou seja, viver como alguém que foi iniciado/transformado pela fé.

A celebração sacramental situa-se no interior do processo catequético, porém, não deve ser apresentada como meta final. A sua meta última é iniciar a experiência de fé cristã, sem ignorar a importância da recepção dos sacramentos e a riqueza que os três sacramentos trazem ao itinerário. Daí o insistente pedido de mudança de vocabulário: não focar a preparação sacramental, que é pontual e carrega consigo a noção de curso que acaba, e sim a ideia de iniciação para o exercício da vida cristã. É curioso observar que o Documento irá, sempre, se utilizar da expressão Iniciação à Vida Cristã em maiúscula! É preciso uma mudança de direcionamento.

E, essa mudança, é missão de todos nós: pais, padrinhos, introdutores, catequistas, ministros ordenados...

Inspiração catecumenal

Somos convidados a enxergar mais amplamente os horizontes da iniciação cristã, e não a vê-la apenas como coisa de criança ligada unicamente aos três sacramentos sem uma evangelização adequada.

Precisamos de uma iniciação que ajude os fiéis a recobrarem o valor do nome "cristão" como sendo a mais alta dignidade que alcançamos neste mundo. Por isso, a Igreja se volta para o modelo de iniciação vigente nos cinco primeiros séculos, quando era minoria na sociedade, sofria perseguições, sendo que, para alguém pertencer a ela, era preciso demonstrar convicção de fé, porque isso implicava riscos. O processo de formação "acontecia em um clima de espiritualidade, oração, celebrações e ritos, enfim, num clima mistagógico" que favorecia chegar à identidade cristã (n. 70).

Ritual de Iniciação Cristã de Adultos – RICA

Onde encontraremos esse método? No *Ritual de Iniciação Cristã de Adultos* (RICA). Esse ritual recuperou o modo como a Igreja dos primeiros cinco séculos iniciava aqueles que se aproximavam dela. Vamos ter presente que o ambiente era também plural, gregos, romanos, judeus... os que abraçavam a fé sofriam perseguições e, por isso, sua adesão devia ser muito convicta e provada. É tudo o que precisamos hoje.

O Batismo de crianças requer uma educação mais unitária, que vá além apenas da preparação sacramental. Ser cristão, hoje em dia, requer convicção de fé, encontro com Cristo e o seu Evangelho. Apenas um verniz de catequese não resolve.

A Igreja resgatou esse ritual para compreender a iniciação cristã de maneira mais ampla e completa, capaz de formar a identidade de fé do cristão. O RICA se dirige aos adultos que não foram batizados; porém, "dá uma visão inspiradora de uma catequese que realmente envolve a pessoa no seguimento de Jesus Cristo, a serviço do Reino, expresso na vivência dos sacramentos do Batismo, da Crisma e da Eucaristia" (n. 119).

Como era a iniciação naquela época e o que o RICA conservou dela? Ela acontecia em quatro tempos:

a) o pré-catecumenato: é o momento do primeiro anúncio, em vista da conversão, quando se explicita o querigma (primeira evangelização) e se estabelecem os primeiros contatos com a comunidade cristã (cf. RICA, nn. 9-13);

b) o catecumenato propriamente dito: é destinado à catequese integral, à entrega dos Evangelhos, à prática da vida cristã, às celebrações e ao testemunho da fé (cf. RICA, nn. 14-20);

c) o tempo da purificação e iluminação: é dedicado a preparar mais intensamente o espírito e o coração do catecúmeno, intensificando a conversão e a vida interior (cf. RICA, nn. 21-26); nesta fase ele recebe o Pai-Nosso e o Credo; no final, recebe os sacramentos da iniciação: Batismo, Confirmação e Eucaristia (cf. RICA 27-36);

d) o tempo da mistagogia: visa ao progresso no conhecimento do mistério pascal através de novas explanações, sobretudo, da experiência dos sacramentos recebidos, e ao começo da participação integral na comunidade (cf. RICA, nn. 37-40).[2]

Quadro geral da Iniciação à Vida Cristã Conforme o RICA						
1º Tempo Pré-Catecumenato ou Primeiro Anúncio (*Querigma*)	**1ª ETAPA – Rito de Admissão dos Candidatos ao Catecumenato (entrada) – Pároco**	**2º Tempo Catecumenato (*Tempo mais longo de todos*)**	**2ª ETAPA – Preparação para os Sacramentos (Eleição) – Pároco**	**3º Tempo Purificação e iluminação (*Quaresma*)**	**3ª ETAPA – Celebração dos sacramentos de Iniciação (Vigília Pascal) – Pároco**	**4º Tempo Mistagogia (*Tempo pascal*)**
Tempo de acolhimento na comunidade cristã: - Primeira Evangelização - Inscrição e colóquio com o catequista - Ritos → Catequistas + equipes litúrgicas		Tempo suficientemente longo para: - Catequese, reflexão, aprofundamento - Vivência Cristã, conversão - Entrosamento com a Igreja - Ritos → Catequistas + equipes litúrgicas		Preparação próxima para Sacramentos: - Escrutínios - Entrega do Símbolo e da Oração do Senhor - Catequese Práticas quaresmais (CF, etc.) - Ritos → Catequistas + equipes litúrgicas		- Aprofundamento e maior mergulho no mistério cristão, no mistério pascal, na vida nova - Vivência na comunidade cristã

---

2 CNBB. *Diretório Nacional de Catequese*. São Paulo, Paulinas, 2006, n. 46. (Documentos CNBB n. 84.)

A passagem de um tempo a outro se dá por meio de uma grande celebração.

Celebração da entrada no catecumenato: os candidatos reúnem-se publicamente pela primeira vez, possivelmente numa missa dominical, e depois da homilia produz-se o diálogo do pároco com catequizandos, catequistas, pais e introdutores. Os catequizandos manifestam suas intenções à Igreja, enquanto esta acolhe os que pretendem se tornar seus membros com *a assinalação da cruz e a entrega da Bíblia*, a Igreja os cerca de amor e proteção (cf. RICA, nn. 18.68-97). São assinalados todos os sentidos, os ombros e o peito do candidato; essa assinalação será culminada com aquela cruz traçada com óleo no crismando para receber o Espírito Santo, a fim de, em força deste Espírito, poder abraçar a cruz do Senhor.

Celebração da inscrição do nome ou eleição: no primeiro domingo da Quaresma, em uma missa dominical (cf. RICA, nn. 21-24.133-142), após a homilia, os catecúmenos e catequizandos considerados maduros se inscrevem para receber os sacramentos na Vigília Pascal daquele ano. A equipe catecumenal apresenta os candidatos para a comunidade, e, em seu nome, o pároco os recebe, reza sobre eles, para que progridam no caminho de abraçar o Evangelho e seguir os passos de Jesus Cristo, especialmente durante o tempo da Quaresma.

Isso recebe o nome de "eleição" porque a admissão, feita pela Igreja, se baseia na eleição de Deus, em cujo nome ela se realiza; chama-se também "inscrição dos nomes", pois os nomes dos futuros batizados ou crismados são inscritos no *livro dos eleitos*. Requerem-se deles a fé esclarecida e a vontade deliberada de receber os sacramentos da Igreja.

Essa celebração se aplica ao catecumenato de adultos e ao crismal.

Celebração dos sacramentos: o Tríduo Pascal *do crucificado, sepultado e ressuscitado*, resplandece como o ápice de todo o Ano Litúrgico; os três dias são considerados como único mistério, que se prolonga por cinquenta dias como um dia de Páscoa, como extensão daquele domingo que nunca deverá acabar.[3]

Desses quatro tempos e dessas celebrações, assim como do modo como se entrelaçavam os ritos com as catequeses, podemos identificar algumas características. A essa ação chamaremos de inspiração catecumenal, que no fundo é uma pedagogia, uma maneira de ir conduzindo a pessoa até sua transformação no mistério de Cristo. Os bispos retomam essa inspiração catecumenal dos primeiros séculos do Cristianismo como uma "dinâmica, uma pedagogia, uma mística, que nos convida a entrar sempre mais no mistério do amor de Deus" (n. 56).

"A ênfase deve ser colocada mais no 'espírito catecumenal' do que em um esquema formal" (n. 74). Por isso, o *Diretório Nacional de Catequese*, nn. 45-50, recomenda que, possivelmente, os elementos dessa pedagogia do Batismo de adultos estejam presentes em toda forma de catequese. Vejamos alguns desses elementos.

Progressividade

Foto: Arquivo Pe. Lelo

---

[3] Cf. LELO, A. F. *Tríduo Pascal; espiritualidade e preparação orante.* São Paulo, Paulinas, 2009.

Cada tempo é finalizado com um rito que indica a passagem para o tempo seguinte. São considerados tempos de *informação* e *amadurecimento*, que indicam o desenrolar lento de um processo que vai sendo aos poucos revelado e assumido pelo catequizando. Assim, semelhantemente à subida dos degraus de uma escada, cada tempo e cada etapa supõem uma resposta de adesão sempre mais consciente do candidato (cf. RICA, n. 6).

Esses tempos e essas celebrações, nos quais os sacramentos constituem o eixo de sentido, estruturam a maneira unitária e progressiva de compreender a iniciação cristã: "Cada etapa desse caminho progressivo não está fechada à outra, mas está aberta à seguinte em um crescimento dinâmico em busca de perfeição mais profunda" (n. 79).

"Sob a inspiração do RICA, é possível propor um itinerário que avance por etapas e tempos sucessivos, garantindo que a iniciação de adultos, jovens e crianças se processe gradativamente no seio da comunidade" (n. 139). A progressividade também aparece nos nn. 60, 92, 100, 104, 134. Essa ideia é fundamental para estabelecermos os itinerários na catequese em todas as idades.

Centralidade pascal

Ao centralizar as catequeses ao redor do Tríduo Pascal, incluindo sua fase de preparação (Quaresma), sua culminância nos três sacramentos celebrados na Vigília Pascal e sua fase posterior (Tempo Pascal), ressalta-se a inserção ou configuração pascal como meta de todo o processo iniciatório. E assumir a Páscoa de Cristo como caminho de transformação pessoal para vencer o egoísmo e aprender a amar como ele nos amou e se entregou por nós constituirá a razão de nossa identidade: ser outro Cristo – cristão. "Toda iniciação deve ter caráter pascal" (RICA n. 8).

Essa característica determinante para a iniciação cristã, atualmente, acha-se muito ofuscada. Raramente alguém associa o fato de ser cristão com a Páscoa de Cristo. Na pastoral, a prática devocional em alta e a busca isolada de cada sacramento dificultam ainda mais essa compreensão.

Unidade sacramental

Perceber a ação conjunta dos três sacramentos em um só movimento para inserir a pessoa no mistério pascal de Cristo nos leva a compreender a iniciação à vida cristã de maneira muito diferente.

Ilustração: Sergio Ceron

Ao batizar o adulto na Vigília Pascal, também se celebrava sua Crisma e ele participava pela primeira vez da mesa eucarística. Essa tradição da Igreja mostra que "a identidade pascal estabelece a relação entre eles (os três sacramentos) e a especificidade de cada um" (n. 129). "A origem dessa relação, entre os sacramentos da Iniciação à Vida Cristã está fundada [...] na única economia divina, pois tal conexão exprime a unidade do mistério pascal cumprida pela missão do Filho e consumada pela efusão do Espírito Santo" (idem).

"O *Batismo* é a primeira entrada para a participação no mistério do Senhor. Marca o início de um processo de identificação com Cristo" (n. 130). "A pessoa se purifica, deixa de lado o que era sinal de afastamento de Deus e de morte, para vincular-se, definitivamente, através da graça, ao Ressuscitado, que agora vai ser o centro da sua vida" (n. 98).

"Pela Crisma, selados pelo no mesmo Espírito, somos chamados a viver mais intensamente a intimidade com Cristo, amadurecendo na fé" (n. 131). "A *Crisma* complementa a configuração do batizado a Cristo e encaminha-o para a participação na *Eucaristia*" (n. 130). "Iniciados nos mistérios da Páscoa, podemos sentar à mesa da Eucaristia. Nela se atualiza a expressão máxima do amor trinitário, e nos tornamos portadores da vida eterna e participantes do grande sacrifício universal da cruz" (n. 132).

"Os três sacramentos da iniciação, em uma unidade indissolúvel, expressam a unidade da obra trinitária na iniciação cristã: no Batismo assumimos a condição de filhos do Pai, a Crisma nos unge com unção do Espírito e a Eucaristia nos alimenta com o próprio Cristo, o Filho" (n. 91).

Uma vez configurados no mistério pascal de Cristo pelo Batismo e mais perfeitamente robustecidos pelo Espírito Santo na Crisma, iremos viver da graça recebida desses dois sacramentos. "A graça da fé e a conversão pessoal ao seguimento de Jesus pertencem a uma dinâmica que percorre toda a nossa vida" (nn. 99; 102). A nossa resposta de fé de adesão à graça de filiação será aperfeiçoada a cada participação no banquete eucarístico, quando ofereceremos nosso sacrifício espiritual unido ao sacrifício de Cristo. O culto espiritual exercido no dia a dia é tecido pelo nosso trabalho, pela vivência das bem-aventuranças com dignidade e testemunho.[4] "Assim, a *Eucaristia* [...] realiza plenamente o que os dois outros sacramentos anunciam" (n. 132).

A incorporação ao mistério pascal de Cristo por meio dos três sacramentos, que resulta na participação na natureza divina e na vida nova, constituirá a essência e o coração da Iniciação à Vida Cristã (cf. nn. 96-97). A compreensão da unidade desses três sacramentos traz a imediata consequência de articular a ação pastoral conjunta deles. Por isso, mais adiante trataremos da coordenação

---

[4] Cf. NUCAP. *Metodologia da iniciação à vida cristã. Formação do catequista*. São Paulo, Paulinas, 2016, pp. 101-105.

paroquial de IVC, compreendendo os agentes envolvidos no Batismo de crianças, na Eucaristia, na Crisma, no catecumenato de adultos e famílias dos catequizandos.

Consequência

Essa pedagogia implementará fortemente nosso atual processo catequético, que deverá

> integrar a comunidade; relacionar-se ao mistério pascal e ao ano litúrgico; unir fé, liturgia, vida e oração; incluir etapas definidas, ritos, símbolos e sinais, especialmente bíblicos e litúrgicos; relacionar melhor os sacramentos do Batismo, da Crisma e da Eucaristia; e dialogar com a cultura local. De tal maneira que seja uma verdadeira "escola de fé" (n. 121).

Vamos nos dar conta de que o conjunto desses elementos, se levados a sério, produz uma nova maneira de encarar a formação inicial e básica do cristão. Mesmo que sejam conhecidos, não estamos habituados a eles. Há a necessidade de toda a comunidade se envolver nesse processo. E, de acordo com seu pessoal e possibilidades, a comunidade começará a se redirecionar para os colocar em prática.

No capítulo seguinte, ressaltaremos duas outras características da inspiração catecumenal: o querigma e a mistagogia.

Para refletir em grupo

É importante aprofundar em grupo: 1) Converse sobre as características dos quatro tempos e das três celebrações de passagem; 2) Aprofunde as características do estilo catecumenal.

[illegible]

Consequência

[illegible]

[illegible]

Vamos nos dar conta de que o conjunto desses elementos [illegible] básica do cristão. Mesmo que [illegible]. Há a necessidade de toda a comunidade se envolver nesse processo. [illegible]

[illegible]

Para refletir em grupo

[illegible]

2.
A IGREJA QUE NASCE DA IVC

Em vários lugares, os bispos ressaltam o protagonismo que assume a comunidade na formação dos novos cristãos.

> Sujeito indispensável dos processos de Iniciação à Vida Cristã, junto ao catecúmeno, é toda a comunidade cristã. Ela é responsável pelo rosto que a Igreja vai apresentar a quem dela se aproxima [...] O processo de Iniciação à Vida Cristã requer a acolhida, o testemunho, a responsabilidade da comunidade (n. 106).

Por isso, "há necessidade de envolver a comunidade inteira no processo da Iniciação à Vida Cristã e na formação continuada dos fiéis" (n. 75).

Chega-se a afirmar que "é a comunidade inteira que precisa se responsabilizar, transformando-se em 'Casa da Iniciação à Vida Cristã'" (n. 50). Isso vem sendo afirmado desde 2011, quando a Conferência assumiu essa urgência em suas *Diretrizes Gerais da Ação Evangelizadora.*

O reconhecimento da iniciação cristã como tarefa de toda a comunidade traz à luz o fato de que não são apenas os catequistas os responsáveis pela iniciação. O processo deve caber a todos. Assim, as características principais dos tempos da iniciação, como priorizar e acolher os adultos afastados da comunidade, promover o encontro com Jesus, anunciar o querigma, seguir Jesus como discípulos, introduzir na celebração dos mistérios, testemunhar a fé... se estenderão como a tônica de toda atividade da pastoral e se tornarão próprias de toda a vida da comunidade.

Por isso, o documento chegará à conclusão de que

> o processo de Iniciação à Vida Cristã incide sobre a conversão da comunidade [...] (que) poderá, assim, vivenciar, na prática, e de modo adaptado, o processo da Iniciação Cristã inspirado no itinerário catecumenal proposto pelo RICA, envolvendo ministros ordenados, consagrados e o laicato num caminho de formação de discípulos missionários (n. 226).

Nesse sentido, o documento fala de *Igreja querigmática e missionária e de Igreja mistagógica e materna.*

Igreja querigmática e missionária

É próprio da iniciação cristã ir ao encontro dos afastados ou daqueles que buscam a comunidade para se aprofundarem na vida de fé. A característica do tempo do pré-catecumenato é a de acolher essa pessoa, promover o seu encontro com Jesus, anunciando-o de forma testemunhal, objetiva e atual. Assim, "a inspiração catecumenal representa, para a Igreja, uma mudança no modo de se apresentar, porque a faz assumir sua natureza originária: ser Igreja querigmática (anunciadora da verdade fundamental manifestada em Cristo) e missionária" (n. 107).

Seguindo essa compreensão, toda forma de pastoral na comunidade assumirá o anúncio do querigma em suas várias instâncias, como modo próprio de evangelizar.

> A Igreja querigmática e missionária é uma Igreja peregrina, desinstalada, samaritana, misericordiosa. Tem o Evangelho no coração e nas mãos e acolhe quem está desnorteado, caminha com as pessoas em situações difíceis, cura feridas. Ela compreende que é tempo de permanecer vigilante e fixar-se no essencial da fé (n. 109).

Partir da fé e das situações limites

Para proclamar o primeiro anúncio, podemos partir dos acontecimentos e situações que envolvem as pessoas, e dali ajudá-las a sentirem a presença e ação salvadoras de Deus. Encontrar-se com as pessoas no estágio de vida que estão passando, desenvolver entranhas de misericórdia e de compaixão com a dor alheia, é o primeiro passo para ajudá-las a realizar a experiência de Deus em suas vidas. Deus nos busca e nos socorre na situação difícil que atravessamos de dor, luto, doença, desilusões, violência, perseguição... o que nos impõe descobrir a revelação do Deus providente que nos ampara, alimenta, cura, reconcilia, restitui a paz...

"Não existe Iniciação sem abertura missionária [...] (sem) aproximar-se das pessoas e acolhê-las nas situações em que se encontram. A dinâmica da acolhida, portanto, dá toda a tônica a este primeiro tempo, o querigma" (n. 157). Mas os bispos alertam que: "o querigma não é uma propaganda para ganhar visibilidade [...] um anúncio que se limita a um reavivamento religioso, uma busca por milagres, sem compromisso profético e sem o seguimento" (n. 156).

Outro caminho válido para anunciar o querigma é partir da sensibilidade de fé, da abertura religiosa, naturalmente presente nas pessoas que creem e ocasionalmente participam de romarias, festas de padroeiro, da Virgem, semana santa, féretros, sétimo dia... Com sinceridade, elas buscam, na fé, sentido de vida e solução para seus problemas. Tais sentimentos devem ser amplamente acolhidos e respeitados por aquele que anuncia. Nessa direção, o documento afirma: "Na Iniciação à Vida Cristã, a piedade mariana há de ser valorizada, reconhecendo em Nossa Senhora o modelo de fidelidade a Deus" (n. 150). "A educação na fé supõe [...] discernimento na busca de Deus, presente na religiosidade popular, e condução de todas as nossas devoções e práticas religiosas ao Mistério Pascal" (n. 151).

Nesse ponto nosso documento remete para outro, o *Comunidade de comunidades*, n. 280:

> É importante valorizar a religiosidade popular como lugar de encontro com Cristo, pois a participação na sagrada liturgia não abarca toda experiência espiritual que se manifesta em diversas devoções e práticas

religiosas. A piedade popular, porém, precisa ser impregnada pela Palavra de Deus e conduzida ao centro da vida litúrgica, isto é, à celebração do Mistério Pascal. Especialmente a devoção mariana será uma oportunidade privilegiada para acessar o caminho de seguimento de Jesus.

Em se tratando de iniciação cristã, a busca sacramental se depara com um cenário plural de fé que vai desde o indiferentismo, à procura do sacramento como acontecimento social, até a fé manipulada por curas e milagres desmedidos. O despertar da fé que o querigma se propõe a cumprir, responde à necessidade de crer, dialoga com o horizonte de fé que a pessoa apresenta e, ao mesmo tempo, a direciona para Jesus Cristo.

Anunciar Jesus Cristo

"Hoje é preciso ir até às pessoas, dialogar e, a partir de suas necessidades, apresentar-lhes o primeiro anúncio sobre Jesus Cristo, que seja capaz de lhes fazer arder o coração (Lc 24; 32)" (n. 154). "No centro do processo formativo, celebrativo e missionário da Igreja, está essencialmente uma pessoa: 'Jesus de Nazaré, Filho único do Pai'" (n. 155).

A culminação do diálogo de primeiro anúncio é o convite para entrar em contato direto com Jesus. Trata-se de estabelecer uma amizade com Jesus, dirigindo-se espontaneamente a ele. No estilo dos primeiros discípulos, o evangelizador utiliza uma linguagem que interpela o ouvinte em seu coração, o entusiasma e o atrai a uma adesão firme e apaixonada a Jesus Cristo. Por isso, proclama a Palavra de forma propositiva como acontecimento salvador, atual e interpelante de conversão ao Reino para aqueles que a escutam e querem aceitá-la. O primeiro anúncio ressalta exatamente essa ação transformadora da graça em nosso favor. Diante da qual caberá àquele que escuta: aceitar ou negar essa realidade.

O primeiro anúncio da fé anda de mãos dadas com outras três pastorais: *da visitação, da acolhida e da escuta*. Persiste o desafio de formar uma casa acolhedora, com missionários que percorram seus lugares mais afastados e tragam as pessoas para ouvir o Evangelho pela primeira vez, o que envolve todos os agentes e abarca todos os setores da vida paroquial.

O documento apresenta as múltiplas formas de propor o querigma, destacamos a:

> *narrativa* e *testemunhal* – quem anuncia Jesus Cristo narra sua própria história, mostra a força e a beleza da sua conversão, de modo tal que desperta, no ouvinte, uma abertura ao dom da fé; *expositiva* – pode-se apoiar num texto da Sagrada Escritura, [...] ou fatos da vida de hoje que mostrem como é bom crer; *litúrgica* – celebrações da Eucaristia, Batismo, Matrimônio, Exéquias, frequentadas muitas vezes por pessoas afastadas da fé; *caritativa* – o contato com os pobres, os excluídos e os sofredores, pode facilitar uma experiência da misericórdia de Jesus Cristo (n. 158).

Quanto a nossa maneira pessoal e própria de anunciar o querigma, podemos anunciá-lo a partir de nossa prática pastoral, catequética e litúrgica, e principalmente de tudo aquilo que já vivenciamos na comunidade, na oração e no confronto dos acontecimentos de nossa vida com a Palavra. Basta respeitar os passos de acolher a pessoa, anunciar claramente Jesus Cristo que realiza suas promessas e suscitar a conversão para a vida nova. O exercício do primeiro anúncio nos torna mais sensíveis ao sofrimento das pessoas e nos alerta para personalizar as tratativas com cada uma.

Não tenhamos receio de rezar para curar, abençoar, afastar o mal, reconciliar os inimigos, superar a dor, conseguir uma graça. E também realizar gestos de cura com a imposição de mãos, de bênção com água benta, de procissão com velas acesas... Não é falso, de nossa parte, demonstrar que em Cristo somos agentes do consolo, da misericórdia, da esperança na força do Espírito Santo.[1]

A catequese querigmática vai nos ajudar a ser mais testemunhais em nossa maneira de propor a fé. Requer um testemunho intrépido

---

[1] Cf. NUCAP. Querigma. *A força do anúncio*. São Paulo, Paulinas, 2014.

de fé, sem timidez, consolidado na experiência de vida pessoal e comunitária de conviver com Cristo e ter sido salvo por ele. Conforme o n. 155: "Por isso, de cada discípulo, na comunidade cristã, deve nascer o testemunho de uma experiência capaz de contagiar outros: 'O que vimos e ouvimos, o que as nossas mãos tocaram da Palavra de Vida [...] isso nós vos anunciamos' (1Jo 1,1)".

> O primeiro anúncio é realizado por cristãos que fizeram a experiência do encontro com o Senhor e se tornaram discípulos missionários. Não são pessoas prontas ou perfeitas no discipulado, mas são membros da comunidade que desejam que outros participem da alegria de seguir o caminho. Todos os membros da comunidade são missionários, mas especialmente os "introdutores" devem cuidar do querigma (n. 159).

Interiormente vamos desenvolver o gosto de anunciar a pessoa de Jesus, tomar iniciativas para torná-lo mais conhecido e não perdermos nenhuma oportunidade para anunciar explicitamente o seu amor e cuidado de Bom Pastor.

> Em uma Igreja querigmática e missionária, a Iniciação à Vida Cristã assume um rosto evangelizador que favorece a verdadeira experiência de fé. Promove o encontro pessoal e comunitário com Jesus Cristo, o discipulado missionário, a inserção na comunidade eclesial, a participação na vida litúrgico-sacramental e o engajamento na transformação da sociedade (n. 110).

Para refletir em grupo

É importante aprofundar em grupo: O que o pré-catecumenato, tempo do primeiro anúncio, tem a ver com a missionariedade da paróquia? Cite experiências bem-sucedidas de visitação. Como valorizar mais as pessoas na comunidade? Como tornar nossas comunidades mais acolhedoras? Como você anuncia Jesus Cristo?

Igreja mistagógica e materna

A inspiração catecumenal leva a uma estreita relação entre liturgia e catequese. O mesmo mistério de fé anunciado pela catequese deverá ser celebrado com ritos que despertam a adesão e a conversão do catequizando. No início do Cristianismo, anunciar, celebrar e viver a fé era um ato só. Celebrava-se como se vivia e se acreditava.

> A missão de iniciar na fé coube, na Igreja antiga, à liturgia e à catequese. Ambas caminhavam de mãos dadas, intimamente unidas, em um processo chamado Iniciação à Vida Cristã, que tinha como centro a imersão no mistério de Cristo e da sua Igreja. Tudo acontecia em um clima de espiritualidade, oração, celebrações e ritos, enfim, em um clima mistagógico (n. 70).

A catequese terá a missão de revelar o que os sinais rituais protagonizaram na história da salvação e como hoje eles continuam eficazes na celebração. Por isso, catequese e liturgia caminhavam de mãos dadas. Ajudar o catequizando a fazer a experiência dos símbolos e gestos celebrados faz parte de uma educação que o leva a experimentar os sinais tão simples e tão humanos da liturgia não apenas como elementos deste mundo, mas, aos olhos da fé, também como realidades divinas.[2]

"A Iniciação à Vida Cristã é a participação humana no diálogo da salvação [...] o iniciando começa a caminhada para Deus, que irrompe em sua vida, dialoga e caminha com ele" (n. 96). Assim como Deus se comunicou por sinais e acontecimentos em sua Palavra revelada, da mesma forma ele continua a se revelar para nós. Esse diálogo supõe a liberdade que nasce da aliança entre as duas partes envolvidas: Deus e o ser humano.

---

[2] Cf. NUCAP. *Iniciação à liturgia*. São Paulo, Paulinas 2012.

O mistério de Cristo se revela

Os bispos definem mistagogia como "uma progressiva introdução no mistério pascal de Cristo, vivido na experiência comunitária" (n. 60). Em seguida, esclarecem que esse mistério é mais que um segredo, uma verdade ou uma doutrina, sobretudo, é o maior acontecimento deste mundo, ou seja, é a ação salvadora de Deus em Jesus Cristo atuante para nós hoje.

> O termo "mistério", no Novo Testamento, não indica em primeiro lugar um segredo intelectual, mas a ação salvadora de Deus na história. Antes de ser uma verdade ou uma doutrina, o "mistério" é um acontecimento realizado na história e oferecido como salvação a todos os seres humanos. Esse mistério de Deus chega à sua plenitude em Jesus de Nazaré e é anunciado na comunidade dos discípulos, até sua vinda gloriosa (n. 83).

> Tudo o que precisamos conhecer de Deus e seu mistério encontramos na pessoa de Jesus. Nele [...] se faz presente o mistério do Reino de Deus. Ele está a serviço desse Reino. Por sua vida, palavras e ações, por sua doação total na cruz e gloriosa ressurreição, ele revela ao mundo o amor e o projeto de salvação do Pai que ama a todos (n. 87).

As ações e palavras do Senhor constituem os sinais salvadores do Reino. Ele cura doentes, abençoa crianças, perdoa pecados, multiplica pães... Cristo inaugura o Reino dos Céus em sua etapa terrena, sobretudo, por seu mistério pascal.

> Na incorporação ao mistério pascal de Cristo, se vive a essência da Iniciação à Vida Cristã: é seu princípio, meio e fim. O interlocutor é conduzido à dinâmica treva-luz, pecado-graça, escravidão-libertação, morte-vida, que se vai realizando através de vários momentos relevantes do processo catecumenal e prossegue ao longo de toda sua vida (n. 97).

Ação do Espírito Santo e mistério da Igreja

Ilustração: Gustavo Montebello

O Espírito continua a missão de Cristo. "No primeiro dia da semana, os discípulos estavam reunidos. Jesus entrou e pôs-se no meio deles. Disse: 'A paz esteja convosco'. Então, soprou sobre eles e falou: 'Recebei o Espírito Santo'" (Jo 20,19.22).

Ao voltar para o Pai, Cristo garante sua ação salvadora entre nós pela presença atuante do Espírito Santo. "O mistério de Cristo, entre a ascensão e a parusia, é constituído pela missão do Espírito que o Senhor glorioso envia do Pai sobre a sua comunidade" (n. 88; cf. 101). O Espírito derrama sua força sobre a Igreja para que ela continue realizando os gestos salvadores de Jesus.

Na iniciação cristã apresenta-se o mistério da Igreja, comunidade que, pela ação do Espírito, vive e revela a presença do Ressuscitado no mundo. A Igreja, mediante sinais, celebra e manifesta a vida do Ressuscitado, da qual é portadora. Enquanto "mistério de Cristo", a Igreja é uma realidade "sacramental" que depende essencialmente do Senhor glorioso e da ação do Espírito que ele derramou. A graça que

> se realiza nas suas ações sacramentais é um acontecimento transbordante da páscoa do seu Senhor (n. 89).

A Igreja é sacramento por sua própria realidade de esposa e corpo de Cristo, e unida indissoluvelmente por sua cabeça (Jesus Cristo) no Espírito Santo. Cristo ressuscitado, presente em nossa história, continua sua presença no mundo por meio da Igreja, seu corpo, em seus sinais visíveis: os gestos sacramentais. Por isso, a Igreja continua batizando, derramando o Espírito, partilhando o pão, enviando apóstolos, curando os doentes, perdoando os pecados... A mistagogia quer nos revelar como esses sinais nos colocam em contato direto com Jesus Cristo.

> Esse processo iniciático realiza-se na Igreja e pela mediação da Igreja. Como Povo de Deus, Corpo de Cristo, Templo do Espírito, sinal e germe do Reino [...] A Igreja acolhe e acompanha os que querem realizar o caminho da fé, oferece-lhes os fundamentos da vida cristã e, principalmente, os incorpora a Cristo (n. 93).

Por sua vez, a iniciação revela o colo da Igreja-mãe. Qual novo útero, a fonte batismal gera os novos filhos de Deus. Nutre seus filhos com o Pão da vida eterna e os encaminha pela vida. "A ação do Espírito Santo faz, por meio da Iniciação à Vida Cristã, com que a Igreja se torne Mãe, geradora de filhos e filhas que, à medida que vão sendo inseridos no mistério de Cristo, se tornam, ao mesmo tempo, crentes, profetas, servidores e testemunhas" (n. 112). "Uma Igreja mistagógica e materna volta o seu olhar para Maria [...] para aprender dela como ser próxima, carinhosa, solícita e presente em todas as ocasiões" (n. 113).

Colocar em relevo a face da Igreja mistagógica e materna significa proporcionar o contato direto de toda gente com o mistério de Deus, sem nenhuma discriminação de raça, sexo ou condição social.

Dessa forma, o iniciado começa a viver uma nova realidade. "Essa realidade nova e inesperada à qual ela introduz é o mistério de Cristo Jesus em sua paixão, morte, ressurreição, ascensão, envio do Espírito Santo e retorno glorioso" (n. 88).

A pessoa acolhe o mistério

Os bispos também veem a mistagogia de forma mais existencial. A ação salvadora de Deus, manifestada na Igreja e em seus sinais, alcança a pessoa inteira em todas as esferas e dimensões de sua vida (cf. n. 95). "A Iniciação à Vida Cristã, portanto, deve acolher e iluminar as questões existenciais da vida de cada pessoa. O que significa enraizar-se no complexo tecido da existência concreta dos interlocutores e de suas realidades sociais" (n. 90).

O acesso ao mistério se dá pela experiência de Deus que a pessoa faz em sua vida. "Esse mistério, mais do que um conhecimento intelectual, é uma experiência de vida" (n. 86; cf. n. 83). "Para entrar nesse mistério não há outro caminho senão o encontro pessoal com Jesus" (n. 87). A Igreja quer facilitar esse encontro. "O importante é cultivar a mística do encontro, a exemplo da mulher da Samaria" (n. 57).

Tal como acontece nos processos iniciáticos de vários grupos, também no "itinerário de acolhida do mistério de Deus, a pessoa precisa ser iniciada por meio de experiências que a toquem profundamente e a impulsionem à sua conversão" (n. 79).

Para o evento sacramental ser completo, a iniciativa divina deverá encontrar eco no coração humano. "A Iniciação à Vida Cristã requer a *decisão livre da pessoa*. Pela obediência da fé, a pessoa se entrega inteira e livremente a Deus e lhe oferece a adesão total de sua inteligência e vontade" (n. 95). Deus respeita nossa liberdade. O encontro da graça preveniente de Deus com a resposta afirmativa do ser humano estabelece a aliança ou o pacto. "O acolhimento do *mistério* da pessoa de Jesus exige a participação, fiel e responsável, na vida e missão da comunidade eclesial, fazendo escolhas éticas coerentes com a fé cristã" (n. 84).

O tempo da mistagogia

Até meados do século V era comum o Batismo de adultos após um longo período de preparação genericamente chamado de catecumenato. O cume da iniciação dos adultos acontecia na celebração dos três sacramentos – Batismo, Confirmação e Eucaristia – na Vigília Pascal. O Tempo Pascal era dedicado ao maior entrosamento na comunidade, e as catequeses mais importantes, ditas mistagógicas – que introduziam o indivíduo no entendimento do mistério da fé –, ocorriam após a experiência vivida na Vigília Pascal. Portanto, a *mistagogia* propriamente dita constituía o último tempo da iniciação cristã dos adultos.

A mistagogia é a introdução no mistério de Cristo e da vida da Igreja (n. 94) por meio dos sacramentos e gestos celebrados na liturgia pela força do Espírito Santo. "Símbolos e ritos realizam o encontro com Deus, ajudam a perceber a presença do mistério divino em todas as coisas" (n. 82).

Atualmente, os textos bíblicos do Tempo Pascal, particularmente os das missas dominicais, tratam desses sacramentos, da incorporação na Igreja, do alegre anúncio do Ressuscitado. É o momento de aprofundar essas realidades para que o recém-batizado possa aquilatar a transformação que aconteceu em seu interior. Os neófitos, ajudados pela comunidade dos fiéis, e através da meditação do Evangelho, da catequese, da experiência sacramental e do exercício da caridade, aprofundam os mistérios celebrados (cf. nn. 172-177).

> Mais que um tempo específico da iniciação cristã, a mistagogia torna-se um método para aprofundar o mistério de graça ocorrido por meio dos sensíveis sinais sacramentais. Porque há que ajudar os

recém-batizados a passarem do pobre sinal visível do sacramento ao mistério de graça do qual são portadores.[3]

A mistagogia une catequese e liturgia, ou seja, une o anúncio da Palavra com os ritos celebrativos, tendo em vista a vivência da fé. Os sinais celebrados na liturgia têm a sua fonte de graça na história da salvação, de acordo como aquele sinal foi empregado e compreendido no Antigo e Novo Testamentos em razão da Páscoa: morte e ressurreição de Cristo. Por exemplo: o maná, o pão multiplicado, o pão eucarístico, nos levam à realidade do corpo doado na cruz.

A *Palavra de Deus* revela as ações divinas, e os sinais rituais visibilizam esse acontecimento tornando-o vivo e atuante para nós hoje. Isso acontece graças ao *Espírito Santo* que garante a eficácia da celebração. Dessa forma, a Palavra proclamada se torna visível por meio de gestos e de sinais que cumprem objetiva e eficazmente as promessas que ela anuncia para aqueles que celebram. Para completar esse ato, deverá haver muita *fé de nossa parte* para acolhermos esses sinais como portadores da salvação de Deus e nos comprometermos com eles.

A catequese deve tornar-se um caminho que introduza o cristão na vida litúrgica, ou melhor, no mistério de Cristo, "procedendo do visível ao invisível, do sinal ao significado, dos sacramentos aos mistérios",[4] sempre com o mesmo objetivo de levar à vivência da fé. Assim, passamos do óleo para a unção do Espírito, da água para o banho batismal que nos dá a vida nova.

---

[3] Cf. BENTO XVI. Exortação apostólica pós-sinodal *Sacramentum Caritatis*, sobre a Eucaristia, fonte e ápice da vida e da missão da Igreja. São Paulo, Paulinas, 2007. n. 64. Consultar também: NUCAP. *Mistagogia. Do visível ao invisível.* São Paulo, Paulinas, 2015.

[4] *Catecismo da Igreja Católica*, n. 1075.

Consequências pastorais

"A iniciação à oração pessoal, comunitária e litúrgica se constitui em componente essencial do ser cristão, para mantê-lo progressivamente na comunhão com o Senhor e na disponibilidade e generosidade para a missão" (n. 103). A espiritualidade gerada pela liturgia está centrada na escuta da Palavra e tem sua fonte na celebração dos mistérios (ano litúrgico, sacramentos, ofício divino, sacramentais) como acontecimentos histórico-salvíficos centrados na comemoração da Páscoa de Cristo. A espiritualidade litúrgica é a vivência consciente da vida teologal (fé, esperança, caridade) recebida no Batismo, Confirmação e Eucaristia, que busca o cumprimento da Páscoa do Senhor na vida do batizado e, por isso, se coloca ao alcance de todo o Povo de Deus.

O RICA é o melhor exemplo de união entre a catequese e a liturgia. Durante o processo de iniciação cristã, a catequese interage com as celebrações da Palavra, as bênçãos, os exorcismos e os ritos de passagem, o que requer uma formação litúrgica mais apurada.

> A Iniciação à Vida Cristã depende da integração entre o processo formativo e a liturgia. A LITURGIA é fonte inesgotável de formação do discípulo missionário, e as celebrações, pela riqueza de suas palavras e ações, mensagens e sinais, podem ser consideradas como "Catequese em ato". Não somente os catequizandos e os que seguem outros processos formativos, mas toda a comunidade precisa ser constantemente formada para a vida litúrgica. A liturgia, com a riqueza do Ano Litúrgico, é ocasião privilegiada de formação continuada (n. 182).

De um lado, os presbíteros promoverão celebrações orantes, intensamente ligadas ao ano litúrgico. Por sua vez, os catequistas e os agentes da comunidade, para desenvolverem a unidade entre catequese e liturgia, aprofundarão temas como: acontecimento histórico da salvação, assembleia, oração eucarística, memorial, Palavra celebrada, espaço litúrgico, sacerdócio comum dos fiéis e participação litúrgica, presenças de Cristo... "O resgate do espírito catecumenal implica o compromisso de reatar a parceria e a união entre liturgia e catequese [...] É preciso redescobrir a Liturgia como lugar privilegiado de encontro com Jesus Cristo" (n. 74).

Consequente à importância dada à iniciação ao mistério celebrado, o documento pensa naquelas paróquias formadas por uma rede de comunidades e, por isso, alerta:

> Nas celebrações do processo de Iniciação à Vida Cristã, especial atenção precisa ser dada às comunidades sem presbíteros. Devem ser providas de pessoas preparadas para partilhar a Palavra e animar o encontro da comunidade, evitando conteúdos desfocados do Mistério Pascal celebrado na liturgia (n. 148).

Participação da comunidade nas celebrações

Nestes tempos em que viver em comunidade está cada vez mais difícil, a inspiração catecumenal valoriza a vida comunitária paroquial como mãe e dinamizadora de nossa fé. O processo catecumenal da iniciação põe em evidência a Igreja, que se manifesta pelo povo e por seus ministros como comunidade servidora. Conforme o RICA, n. 41: "O povo de Deus, representado pela Igreja local, sempre compreenda e manifeste que a iniciação dos adultos é algo de seu e interessa a todos os batizados".

O modelo da iniciação cristã dos adultos confere grande destaque ao protagonismo da comunidade. *Afinal, o objetivo da iniciação é gerar o Corpo de Cristo, que é a própria comunidade cristã.* Cada membro, ao ser batizado, constitui parte integrante do Corpo de Cristo, ao ser confirmado, ficará mais perfeitamente configurado nesse Corpo e, ao receber a comunhão, constituirá um só Corpo, a Igreja. Por isso a Eucaristia – Corpo de Cristo – coroa a iniciação.

Toda a relação com Cristo acontece por meio dela e da pertença a ela. Mais que *entrar* na Igreja, o crente *é acolhido* por ela (cf. n. 105).

Daí o envolvimento com alto grau de responsabilidade do bispo, pároco, catequistas, introdutores, padrinhos, familiares e comunidade, como sujeitos ativos, para acolher e educar na fé seus novos membros.

As celebrações mais importantes, geralmente, acontecem na missa dominical e requerem a participação de todos os envolvidos, e necessariamente não precisam alterar a agenda dominical.

O itinerário catequético, além de contemplar a Eucaristia dominical, prevê as três celebrações de passagem, as entregas do Creio e do Pai-nosso e os três escrutínios no contexto da missa dominical e, ainda, requer a participação de todos os envolvidos. E para isso ocorrer, necessariamente, não é preciso alterar a agenda dominical.

Nessas ocasiões, a comunidade reconstitui sua vocação e missão, pois é chamada a *renovar a graça batismal*, a comprometer-se pelo acolhimento e formação do catequista e do catequizando. Enfim, refaz e aprofunda a própria caminhada de fé, tornando-se sempre mais fecunda, visto que também ela está em constante processo de conversão. Por exemplo, na Vigília Pascal, havendo ou não Batismo de adultos, toda a comunidade é convidada a renovar suas promessas de viver bem o Batismo.

As celebrações são fáceis de acompanhar, podem ser adaptadas, interagem plenamente com o tempo litúrgico e com as celebrações eucarísticas dominicais, para as quais são convocados pais, padrinhos, introdutores, catequizandos, catequistas, sob a animação do pároco. Mesmo nas comunidades mais afastadas, muitas dessas celebrações podem ser conduzidas pelos ministros não ordenados.

Não nos esqueçamos de que, na tradição da Igreja, a iniciação cristã é tarefa de toda a comunidade: é o seio da Igreja que gera a fé. Por isso, os bispos afirmam: "o itinerário catecumenal educa para a vida de fé na comunidade, alimenta-a e renova. A comunidade é ajudada pelo itinerário catecumenal para crescer na fé e, ao mesmo tempo, exerce a "função maternal" de gerar novos filhos" (n. 111).

Igreja de discípulos

Acompanhando as principais características dos tempos anteriores, encontramos:

- Pré-catecumenato – Igreja querigmática: que privilegia o anúncio destemido do Evangelho e propicia o encontro com o Senhor;
- Mistagogia – Igreja mistagógica: aprofunda a experiência vivida com os sacramentos/mistérios e a participação na vida da Igreja/comunidade.

No primeiro capítulo o documento apresenta o itinerário a partir do ícone bíblico representado pelo encontro de Jesus com a Samaritana retratada no capítulo quatro do Evangelho de São João. Em seis passos o documento apresenta os processos de iniciação ao discipulado de Jesus. Estranhamente, o documento *não* desenvolve uma Igreja discipular. Assim, como aconteceu nos outros dois tempos não trata da característica principal do tempo mais longo de formação: o catecumenato, que é, justamente, o tempo do discipulado.

O tempo do catecumenato conduz à pedagogia do seguimento de Jesus, que se dá na convivência íntima e amistosa com o Mestre e culmina na decisão de subir com ele a Jerusalém. O discipulado se apoia na pastoral bíblica, no essencial da prática de Jesus, e é a meta de toda a comunidade. Por isso, a transmissão doutrinal dá mais espaço àquela centrada na vivência da fé. Todos os itinerários são compostos a partir dessa compreensão.[5]

O mistério de Cristo é a característica essencial e comum às três dimensões que se articulam em todo o itinerário catequético. Sendo

---

[5] NUCAP. *Discipulado. Da multidão ao seguimento.* São Paulo, Paulinas, 2015.

assim, essas três dimensões estender-se-ão ao trabalho evangelizador de todos os agentes, por constituir a espiritualidade primeira de toda pastoral. Quanto mais uma paróquia investir na formação de seus agentes na espiritualidade do querigma, do discipulado e da mistagogia, mais próxima ela estará, de fato, de se tornar uma casa de iniciação, geradora da fé e de identidade cristã.

Para refletir em grupo

A mistagogia engloba as relações entre catequese e liturgia. Propõe o itinerário mais celebrativo, centrado na Páscoa para a vivência da fé, e valoriza o relacionamento direto do catequizando com o mistério de fé. À medida que a evangelização progride, os símbolos apresentam o mistério como continuação da história da salvação.

É importante aprofundar em grupo as seguintes questões: 1) O que é próprio da missão da catequese? E da liturgia?; 2) O que acontece no tempo da mistagogia?; 3) O que é mistagogia?; 4) Ao se juntar o símbolo com a Palavra, como acontece a mistagogia?

3.
PARÓQUIA INICIADORA

Atualmente, as cinco urgências das *Diretrizes Gerais da Ação Evangelizadora da Igreja do Brasil* se articulam entre si, completando-se umas às outras. "A segunda urgência: '*Igreja: casa da Iniciação à Vida Cristã*' precisa incluir as outras, ao mesmo tempo que as outras urgências a supõem" (n. 64). Essas urgências delineiam o perfil da pastoral. Nesse conjunto, a IVC com inspiração catecumenal tem força evangelizadora para centrar-se no essencial da missão paroquial.

Os processos de iniciação supõem uma Igreja em estado permanente de missão, ao mesmo tempo gera novos missionários para a Igreja (cf. n. 65).

> A Iniciação à Vida Cristã é lugar privilegiado de animação bíblica da vida e da pastoral. Os processos de Iniciação se fundamentam na Sagrada Escritura e na Liturgia, educam para a escuta da Palavra e a oração pessoal, mediante a leitura orante, evidenciando uma estreita relação entre Bíblia, catequese e liturgia (n. 66).

"A Igreja, 'comunidade de comunidades', é quem realiza a Iniciação à Vida Cristã. É ela que acolhe, orienta e gera novos filhos e filhas e promove a fraternidade entre eles" (n. 67). "A iniciação conduzirá a atitudes concretas de missão e testemunho transformador das estruturas desumanizantes e injustas" (n. 68).

Nível diocesano

Dentro da pastoral de conjunto, caberá aos organismos diocesanos estabelecer o projeto diocesano de IVC, considerando a gradualidade nessas proposições de acordo com os processos vividos naquela Igreja. Esse projeto tem a finalidade de promover a renovação das comunidades a partir da IVC, e diz respeito diretamente à ação paroquial (cf. n. 138). O projeto, naturalmente, seguirá a linha do que foi tratado anteriormente (nn. 139-142), como também traçará as características (n. 143) e as metas (n. 144) da implantação da catequese com inspiração catecumenal. Destacamos algumas dessas metas:

- "oferecer formação bíblico-teológica e metodologia de inspiração catecumenal para o laicato, particularmente com catequistas e membros das equipes de liturgia;
- refletir o tema com os coordenadores das comunidades, pastorais, movimentos e serviços, a fim de que toda a comunidade esteja consciente de seu papel;
- realizar a revisão do processo formativo de adultos, jovens, adolescentes e crianças para o Batismo, a Crisma e a Eucaristia, para evitar que a recepção desses sacramentos seja o ponto final da catequese, mas que, sim, se torne um caminho do discipulado de Jesus Cristo.

Pastoral da IVC

O crescimento da fé se organiza de acordo com a unidade dos três sacramentos que proporcionam a configuração pascal, seja quando eles estão distribuídos por idades, seja quando forem celebrados juntos no Batismo de adultos. Porém, "em nossa prática pastoral, por motivos históricos e culturais, os três sacramentos [...] estão, em geral, desconectados" (n. 128).

Por isso, torna-se importante a paróquia planejar em conjunto o Batismo de crianças, a iniciação à Eucaristia e Crisma e a catequese com os adultos, buscando sempre um itinerário, o mais completo possível, de Iniciação à Vida Cristã. Mesmo que cada idade compreenda uma metodologia específica, nada impedirá que os catequistas de cada um desses sacramentos trabalhem em conjunto. "Urge recuperar a unidade pastoral entre os três [...] no mesmo caminho de fé, como experiência vital e de crescimento [...] (como) etapas de um único processo de mergulho na vida iluminada por Cristo e testemunhada na Igreja" (n. 126).

"Tudo isso implica o compromisso de favorecer na ação pastoral uma compreensão mais unitária do percurso de Iniciação à Vida Cristã [...] Pode haver períodos de tempo entre eles, sem que a unidade seja quebrada" (n. 127).

A unidade dos três sacramentos indica naturalmente a pastoral da IVC, já que a finalidade é única: formar a identidade cristã. Por isso, o projeto diocesano terá esta estratégia: "Formar os envolvidos na Iniciação à Vida Cristã, em vista dos Sacramentos da Iniciação (Batismo, Crisma e Eucaristia), promovendo a unidade e a integração dos três sacramentos que geralmente são considerados de modo desconexo e independentes" (n. 144).

"Cada paróquia, fiel à organização diocesana e de acordo com a proposta transformadora da Iniciação à Vida Cristã, há de constituir uma Coordenação Paroquial de Iniciação à Vida Cristã, com os encarregados da preparação ao Batismo, Crisma e Eucaristia. A comissão não poderá ficar restrita ao âmbito da catequese, mas efetivamente abranger o conjunto da comunidade paroquial" (n. 153). A formação dessa comissão será o primeiro passo para concretizar o processo.

Adultos

O Diretório Nacional de Catequese e o *Documento de Aparecida* projetam os adultos como os destinatários primeiros a crescer na fé. A atenção se volta para os adultos, e em particular à família, para aqueles que não participam da comunidade nem receberam os sacramentos do Batismo e/ou Confirmação e/ou Eucaristia.

Por isso, o projeto diocesano irá "priorizar a Iniciação à Vida Cristã com adultos, considerando as adaptações necessárias que garantam o processo adequado a cada situação" (n. 144).

O *Catecumenato de adultos* constitui um verdadeiro e próprio discipulado, com duração de um ou mais anos. Cada paróquia organiza o catecumenato para catecúmenos e para quem ainda não completou a iniciação. Para cumprir esse ministério, o presbítero e a diocese priorizarão a formação de catequistas capazes de estabelecer o diálogo: fé e vida com adultos por meio de uma formação sistemática e permanente.

Jovens e crianças

> A Igreja propõe que também para os jovens, adolescentes e crianças se ofereçam processos de Iniciação à Vida Cristã com inspiração catecumenal. Para isso, já existem alguns itinerários catequéticos,[1] adaptados às várias idades, inspirados no RICA, com tempos, objetivos, passos, eixos temáticos, celebrações e outras indicações práticas (n. 121).

A Igreja recomendará o mesmo princípio no projeto diocesano, conforme o n. 139.

Os itinerários a serem seguidos na comunidade

> sem imitar exatamente o RICA, deverão: relacionar melhor os sacramentos do Batismo, da Crisma e da Eucaristia; integrar a comunidade; relacionar-se ao mistério pascal e ao ano litúrgico; unir fé, liturgia, vida e oração; incluir etapas definidas, ritos, símbolos e sinais, especialmente bíblicos e litúrgicos; dialogar com a cultura local. De tal maneira que seja uma verdadeira "escola de fé" (n. 121).

[1] CNBB, Comissão Episcopal para a Animação Bíblico-Catequética. *Itinerário Catequético: Iniciação à Vida Cristã – um processo de inspiração catecumenal.* 4. ed. Brasília, Edições CNBB, 2016.

A pedagogia catecumenal requer conhecer a realidade do catequizando trazida por ele mesmo, dar voz às suas experiências, ouvi-lo atentamente.

Mesmo sugerindo itinerários, o documento considera de grande valia a elaboração de subsídios adaptados à realidade local, resguardando que

> é preciso garantir os elementos próprios do processo de Iniciação à Vida Cristã: o Símbolo dos Apóstolos e a narração da História da Salvação, vividos como instrumentos do nosso compromisso com Jesus, constituem o conteúdo prioritário da Iniciação à Vida Cristã [...] Além desses elementos, o *Catecismo da Igreja Católica* fundamenta a moral cristã a partir do mandamento do amor, das bem-aventuranças e dos mandamentos (n. 166).

Detecta que "a pluralidade de materiais produzidos para o tempo do catecumenato é uma riqueza; contudo, há um mínimo de condições para que um subsídio seja elaborado ou adotado" (n. 167). Por isso, convida as dioceses a revisarem os materiais em uso de acordo com alguns critérios, conforme o mesmo número.

Catequese familiar

"A família é chamada a ser lugar de iniciação, onde se aprende a rezar e a viver os valores da fé" (n. 199). Qualquer tipo de estruturação familiar não isenta os responsáveis de assumir e educar as crianças numa formação cristã e religiosa, que as ajude rumo à transcendência.

Eis uma linha de renovação da iniciação cristã: investir e integrar a catequese familiar na catequese para as diversas idades, como caminho natural de evangelização, a fim de que cada paróquia desenvolva decididamente a catequese com as famílias dos catequizandos da Eucaristia e da Crisma; proteja e cuide do catequizando, em seu núcleo de crescimento e convivência; integre as famílias no processo evangelizador, tornando-as participantes do processo e respeitando os diversos modelos de estruturação familiar; valorize a convivência familiar como lugar da revelação de Deus no cotidiano.

O documento reitera:

> apresentar um itinerário de formação cristã com adultos para os pais e demais familiares das crianças, adolescentes e jovens que participam do processo catequético. Essa pode ser uma excelente oportunidade de reforçar a fé das famílias e de integrá-las à comunidade. Tenha-se o cuidado de valorizar os casais, as mães e os pais, como sujeitos ativos da catequese (n. 202).

Na mesma linha, o projeto diocesano organizará "um novo tipo de preparação dos pais e padrinhos de Batismo e de Crisma, que contemple o processo catecumenal, segundo a proposta da Iniciação à Vida Cristã" (n. 144).

A paróquia poderá realizar essa tarefa de diversas formas, como, por exemplo, pais e responsáveis podem se reunir para fazer a catequese por um tempo, antes de começar a dos filhos; ou, então, podem se reunir ao mesmo tempo que os filhos, mas em lugar diferente; podem, ainda, percorrer um itinerário específico com reuniões próprias; também podem ser estimulados a propor encontros catequéticos no interior da família, nos quais se construa a experiência de Deus.

Nesse ponto, muitas paróquias poderão contar com o apoio da Pastoral Familiar para a realização dessa catequese.

CONCLUSÃO

É bom lembrar que a dimensão querigmática e a mistagógica, sem contar a dimensão discipular, estão diretamente voltadas para o anúncio de Jesus Cristo morto e ressuscitado. Se considerarmos a força do componente devocional ainda presente na prática cristã e na organização pastoral das comunidades, como também a busca pelo sacramento da iniciação desconectado da catequese, poderemos avaliar a mudança que implica formar uma Igreja centrada no anúncio explícito do Senhor e na celebração do mistério de sua Páscoa.

> As indicações aqui apresentadas sinalizam a necessidade de uma conversão pessoal de todos os membros da Igreja e, consequentemente, da vida da comunidade eclesial. O que está diante de nós é o desafio de construção e consolidação desse paradigma pastoral (n. 242).

"Tal paradigma precisa ser construído sobre uma compreensão ampla de catequese, entendida mais como proclamação e vivência do Evangelho do que como uma ação pastoral de um grupo eclesial específico" (n. 243). Fica muito evidente que se trata da mudança de perspectiva pastoral de toda a comunidade paroquial.

É justo nos questionarmos quais as chances que esse modelo integral de educação da fé tem em nossa sociedade, adversa à comunidade, à fé eclesial e objetiva e independente de escolhas pessoais, ao itinerário progressivo que leva tempo e busca conversão, ao mistério pascal no qual surge a cruz radiosa no caminho de todo discípulo. As fronteiras dessa proposta de evangelização apontam para comunidades mais reduzidas, com maior identidade cristã e maior protagonismo das pessoas.

Os bispos concluem o documento apostando nesse modelo.

> Urge construirmos uma Igreja, Casa de Iniciação à Vida Cristã. Para que isso aconteça é preciso: a) formação continuada para a comunidade, os ministros ordenados, os catequistas; b) compreensão da importância da Iniciação à Vida Cristã na ação evangelizadora; c) valorização da dimensão litúrgica; d) pastoral de conjunto e projetos pastorais; e) promoção da unidade dos sacramentos de Iniciação à Vida Cristã; f) articulação entre o processo de Iniciação à Vida Cristã e missão da comunidade eclesial (n. 245).

Impresso na gráfica da
Pia Sociedade Filhas de São Paulo
Via Raposo Tavares, km 19,145
05577-300 - São Paulo, SP - Brasil - 2018

Itinerários

Nosso objetivo aqui é de alargar a visão da iniciação à vida cristã concebê-la como elemento essencial para a constituição da comunidad Seguiremos o documento da CNBB, n. 107, *Iniciação à vida cristã: itin rário para formar discípulos missionários* (2017), que não a entende somen como "uma pastoral a mais, e sim como o eixo central e unificador de to ação evangelizadora e pastoral" (n. 76).

Pois não são apenas os catequistas os responsáveis, "há necessida de envolver a comunidade inteira neste processo e na formação continua dos fiéis" (n. 75). O processo cabe a todos. Assim, as características pri cipais dos tempos da iniciação, como, por exemplo, priorizar e acolher adultos afastados da comunidade, promover o encontro com Jesus, anu ciar o querigma, seguir Jesus como discípulos, introduzir na celebraç dos mistérios, testemunhar a fé... se estenderão como a tônica da ativida pastoral e se tornarão próprias de toda a vida da comunidade.

Pe. Antonio Francisco Lelo, coordenador do Núcleo de Cateque Paulinas (NUCAP), elaborou esta obra. É licenciado em Pedagogia e Fil sofia, doutor em Liturgia pelo Instituto Superior de Liturgia da Catalun (Espanha). Atua como editor assistente na área de Liturgia e Catequese Paulinas Editora.

ISBN: 978-85-356-4324-4

EDSON ADOLFO DERETTI

O ministério do cerimoniário e do acólito na celebração eucarística